Índice

Introdução

Se você é um iniciante em testes de software, pode se sentir intimidado com a complexidade da tarefa. No entanto, com um pouco de conhecimento e prática, você pode se tornar um especialista em testes de software e garantir a qualidade do seu produto.

A qualidade de software é um aspecto fundamental para garantir que um software funcione corretamente e atenda às necessidades dos usuários. Para isso, é preciso investir em boas práticas de testes, como a escrita de cenários e casos de testes, além do levantamento de requisitos e da identificação de regras de negócios dentro de uma user story. É também importante saber como criar um plano de testes, como priorizar testes e identificar testes passíveis de automação.

Além disso, é essencial saber como reportar defeitos e falhas ao time, a fim de corrigi-los de forma eficiente e evitar prejuízos para os usuários e para a empresa. Neste manual, você irá aprender tudo isso e muito mais, de forma clara e direta, para se tornar um profissional de qualidade de software de sucesso. Aprenda a mostrar a importância da qualidade para o desenvolvimento de um software e como garantir que ele atenda às expectativas dos usuários. Este é o guia definitivo para quem deseja se tornar um profissional em qualidade de software.

Capítulo 1:

Conceitos básicos de Teste de Software

O que é Teste de Software?

Teste de software é um processo sistemático e controlado de avaliação de um software, realizado com o objetivo de identificar defeitos, erros ou falhas presentes no software, antes que ele seja entregue ao cliente final ou colocado em produção.

O objetivo principal do teste de software é garantir a qualidade do software, assegurando que ele atenda aos requisitos especificados e funcione corretamente em diferentes situações. Isso inclui testar o software em diferentes plataformas, ambientes, cenários de uso e volumes de dados.

Existem diferentes tipos de teste de software, que podem ser realizados em diferentes momentos do processo de desenvolvimento do software, incluindo testes de unidade, testes de integração, testes de sistema, testes de aceitação, entre outros. Cada tipo de teste tem um objetivo específico e é realizado com diferentes técnicas e ferramentas.

Por exemplo, um teste de unidade é realizado para verificar o funcionamento de uma unidade específica do software, enquanto um teste de integração é realizado para verificar a interação entre diferentes unidades do software. Já um teste de sistema é realizado para verificar se o software atende aos requisitos especificados e funciona corretamente em diferentes cenários de uso.

O teste de software é uma etapa importante do processo de desenvolvimento de software e é fundamental para garantir a qualidade do produto final entregue ao cliente. Além disso, o teste de software pode ajudar a reduzir custos e aumentar a eficiência do processo de desenvolvimento, identificando defeitos e problemas precocemente.

Tipos de Teste de Software

Testes de software são uma prática essencial no processo de desenvolvimento de software, com o objetivo de garantir que o produto final atenda aos requisitos de qualidade e funcionalidade esperados. Existem diferentes tipos de testes de software que podem ser aplicados em diferentes estágios do processo de desenvolvimento, cada um com um objetivo específico e uma abordagem diferente.

Alguns dos principais tipos de testes de software são:

- Teste Unitário: É o teste responsável por verificar a funcionalidade de cada unidade ou componente do software de forma isolada, ou seja, sem depender de outras partes do sistema. Esses testes são geralmente realizados pelos próprios desenvolvedores e podem ser automatizados.

- Teste de Integração: É o teste que verifica se os diferentes componentes do software se integram corretamente, garantindo que o sistema funcione como um todo. Esse teste é geralmente realizado após o teste unitário, e é também um teste automatizável.

- <u>Teste de Sistema</u>: É o teste que verifica se o software atende aos requisitos funcionais e não-funcionais especificados. É um teste mais amplo e que pode ser realizado por um time de testes dedicado.

- <u>Teste de Aceitação:</u> É o teste final antes da entrega do produto ao cliente, com o objetivo de verificar se todas as funcionalidades foram implementadas corretamente e se atendem às expectativas do cliente.

Além desses, existem outros tipos de testes, como o teste de regressão, teste de desempenho, teste de segurança, entre outros, que visam garantir a qualidade e a confiabilidade do software.

Em resumo, a aplicação de diferentes tipos de testes de software é fundamental para garantir a qualidade e a eficiência do produto final, além de ajudar a identificar e corrigir problemas e falhas em diferentes etapas do processo de desenvolvimento.

Papéis e Responsabilidades

Os testes de software são uma parte fundamental do processo de desenvolvimento de software e são responsáveis por garantir que o software atenda aos requisitos do usuário e funcione corretamente. Para garantir o sucesso dos testes, é importante entender os diferentes papéis e responsabilidades envolvidos no processo de teste de software.

Existem diferentes papéis envolvidos no processo de teste de software, incluindo o testador de software, o gerente de teste, o desenvolvedor de software e o especialista em qualidade de software. Cada um desses papéis tem responsabilidades específicas que contribuem para o sucesso dos testes.

O testador de software é responsável por executar testes no software e reportar quaisquer problemas encontrados. Eles também podem ser responsáveis por criar casos de teste e documentar os resultados dos testes. O testador de software é geralmente o membro da equipe de teste que tem o maior conhecimento técnico e é capaz de identificar e relatar problemas de forma eficaz.

O gerente de teste é responsável por gerenciar o processo de teste de software e garantir que os testes sejam executados de maneira eficiente e eficaz. Eles podem ser responsáveis por definir objetivos de teste, criar planos de teste e gerenciar a equipe de teste. O gerente de teste também é responsável por garantir que o software seja testado de acordo com os padrões de qualidade definidos pela empresa.

O desenvolvedor de software é responsável por escrever o código do software e garantir que ele atenda aos requisitos do usuário. Eles também podem ser responsáveis por criar casos de teste e executar testes em seu próprio código. O desenvolvedor de software é frequentemente o membro da equipe de teste com o maior conhecimento do código do software e pode identificar e relatar problemas de forma mais eficaz.

O especialista em qualidade de software é responsável por garantir que o software atenda aos padrões de qualidade definidos pela empresa. Eles podem ser responsáveis por definir os padrões de qualidade, criar planos de teste e garantir que os testes sejam executados de acordo com esses padrões.

O especialista em qualidade de software também pode ser responsável por avaliar a eficácia dos testes e fornecer feedback para melhorar o processo de teste.

Cada um desses papéis é importante para o sucesso do processo de teste de software e deve trabalhar juntos para garantir que o software atenda aos requisitos do usuário e funcione corretamente. Compreender as diferentes responsabilidades associadas a cada papel é fundamental para garantir que os testes sejam executados de forma eficaz e eficiente.

Capítulo 2:

Levantamento de Requisitos e Escrita de User Stories

Como identificar requisitos de software

A identificação de requisitos é uma das etapas mais importantes no processo de desenvolvimento de software, pois é a base para a construção de um software que atenda às necessidades do usuário. A identificação adequada dos requisitos do software é fundamental para o sucesso do projeto, pois ela define o escopo do software e orienta todo o processo de desenvolvimento.

Para identificar os requisitos de software, é necessário entender as necessidades do usuário e as expectativas em relação ao software. Para isso, é importante conversar com os usuários e stakeholders envolvidos no processo. As seguintes etapas podem ajudar a identificar os requisitos do software de forma eficaz:

- Coletar informações: o primeiro passo é coletar informações sobre o software a ser desenvolvido. Isso pode ser feito por meio de entrevistas com usuários, pesquisas de mercado e análise de concorrentes.

- <u>Identificar as necessidades dos usuários</u>: uma vez que as informações são coletadas, é hora de identificar as necessidades dos usuários. Isso pode ser feito por meio de entrevistas com usuários, grupos focais e pesquisas de mercado.

- <u>Definir o escopo</u>: com base nas informações coletadas, é possível definir o escopo do software. Isso inclui as funcionalidades, recursos e requisitos que o software deve ter para atender às necessidades dos usuários.

- <u>Priorizar os requisitos</u>: uma vez que o escopo é definido, é importante priorizar os requisitos do software. Isso pode ser feito por meio de uma matriz de requisitos, onde os requisitos são classificados de acordo com sua importância e impacto no software.

- <u>Documentar os requisitos</u>: por fim, é importante documentar os requisitos do software. Isso pode ser feito por meio de um documento de requisitos, que descreve os requisitos do software, as funcionalidades e recursos que o software deve ter e as expectativas em relação ao software.

A identificação adequada dos requisitos do software é fundamental para o sucesso do projeto de desenvolvimento de software. Ao seguir estas etapas, é possível identificar os requisitos de software de forma eficaz e garantir que o software atenda às necessidades do usuário.

Exemplos de como podemos conseguir esses requisitos juntos aos usuários:

- **Realize entrevistas com os usuários**: Uma das maneiras mais eficazes de identificar requisitos é entrevistar os usuários finais do software. Eles poderão fornecer informações sobre os recursos e funcionalidades que desejam em um software. Por exemplo, se você está desenvolvendo um software de gerenciamento de tarefas, os usuários podem indicar a necessidade de criar uma lista de tarefas, definir prazos e prioridades.

- **Analise documentos**: Outra maneira de identificar requisitos é analisar documentos como contratos, especificações de produtos, manuais de instruções, entre outros. Eles podem conter informações relevantes sobre os recursos e funcionalidades necessários para o software.

- **Realize brainstorming com a equipe**: Realize sessões de brainstorming com a equipe de desenvolvimento e outras partes interessadas para coletar ideias sobre o software. Discuta o que o software deve fazer, quais recursos e funcionalidades são necessários e quais são desejáveis, e como o software será usado.

- **Analise a concorrência**: Analisar a concorrência pode ser útil para identificar requisitos de software. Veja o que seus concorrentes estão oferecendo e quais recursos e funcionalidades estão faltando em seus softwares.

- **Crie protótipos**: Criar protótipos do software pode ajudar a identificar requisitos. Os usuários finais poderão interagir com o protótipo e fornecer feedback sobre o que está funcionando bem e o que precisa ser melhorado.

Escrita de User Stories

As user stories são uma técnica popular de desenvolvimento ágil de software, que ajuda a equipe de desenvolvimento a entender as necessidades do usuário e a criar um software que atenda às suas expectativas. Uma user story é uma descrição curta e simples de uma funcionalidade do software, escrita do ponto de vista do usuário.

Para escrever uma user story, é importante seguir algumas orientações básicas:

- Identificar o usuário: a user story deve ser escrita do ponto de vista do usuário, identificando quem é o usuário e qual é o seu papel no uso do software.

- Descrever a funcionalidade: a user story deve descrever a funcionalidade do software que o usuário precisa. Essa descrição deve ser clara e concisa, evitando jargões técnicos.

- <u>Identificar o valor</u>: a user story deve descrever o valor que a funcionalidade traz para o usuário e para o software. Isso ajuda a equipe de desenvolvimento a entender a importância da funcionalidade e a priorizá-la adequadamente.

- <u>Estabelecer critérios de aceitação:</u> a user story deve incluir critérios de aceitação que definam quando a funcionalidade foi concluída com sucesso. Esses critérios podem incluir testes de aceitação que verifiquem se a funcionalidade está funcionando corretamente.

- <u>Manter o foco no usuário:</u> é importante manter o foco no usuário ao escrever a user story. Isso significa que a descrição deve ser escrita em termos de como o usuário irá interagir com o software e quais benefícios ele terá ao usar a funcionalidade.

Ao seguir essas orientações, é possível escrever user stories eficazes que ajudem a equipe de desenvolvimento a entender as necessidades do usuário e a criar um software que atenda às suas expectativas. É importante lembrar que as user stories devem ser escritas de forma colaborativa, com a participação do usuário e da equipe de desenvolvimento, para garantir que o software atenda às necessidades do usuário e seja de alta qualidade.

Exemplo 1:
Como um usuário, quero poder fazer login com minha conta do Google, para acessar o aplicativo mais rapidamente e com mais segurança.

Nessa user story, identificamos o usuário e seu papel (um usuário do aplicativo), a funcionalidade que ele precisa (fazer login com sua conta do Google), o valor que essa funcionalidade traz (acesso mais rápido e seguro ao aplicativo) e critérios de aceitação que podem incluir a verificação de que o login com a conta do Google esteja funcionando corretamente.

Exemplo 2:
Como um administrador do sistema, quero poder configurar as permissões de acesso dos usuários, para garantir a segurança dos dados e evitar acessos não autorizados.

Nessa user story, identificamos o usuário e seu papel (um administrador do sistema), a funcionalidade que ele precisa (configurar as permissões de acesso dos usuários), o valor que essa funcionalidade traz (segurança dos dados e prevenção de acessos não autorizados) e critérios de aceitação, como a verificação de que as permissões de acesso foram configuradas corretamente.

Exemplo 3:

Como um cliente, quero poder adicionar produtos ao meu carrinho de compras e finalizar a compra em uma única página, para comprar de forma rápida e fácil.

Nessa user story, identificamos o usuário e seu papel (um cliente), a funcionalidade que ele precisa (adicionar produtos ao carrinho e finalizar a compra em uma única página), o valor que essa funcionalidade traz (compra rápida e fácil) e critérios de aceitação, como a verificação de que a compra é finalizada corretamente e que os produtos foram adicionados ao carrinho.

Esses são apenas alguns exemplos de como escrever uma user story de forma eficaz. Lembre-se sempre de manter o foco no usuário e descrever a funcionalidade de forma clara e concisa, identificando o valor que ela traz e estabelecendo critérios de aceitação para garantir que o software atenda às expectativas do usuário.

Identificando Cenários de Testes e Regras de Negócios dentro de uma User Story

Identificar cenários de testes e regras de negócios é uma etapa fundamental durante a elaboração de User Stories em projetos de desenvolvimento de software.

Os cenários de testes são situações ou condições que podem ocorrer na aplicação durante a interação do usuário com o sistema, e devem ser testados para garantir a qualidade do software. Esses cenários podem ser positivos, ou seja, quando o usuário realiza uma ação e o resultado é o esperado, ou negativos, quando o resultado não é o esperado.

As regras de negócios, por sua vez, são as condições ou restrições que definem como a aplicação deve se comportar diante das ações do usuário. Essas regras podem estar relacionadas a questões de segurança, validação de dados, permissões de acesso, entre outras.

Para identificar os cenários de testes e as regras de negócios em uma User Story, é preciso entender as necessidades do usuário e as funcionalidades da aplicação. Um exemplo prático seria o seguinte:

User Story: Como usuário, quero poder criar uma conta na plataforma, para ter acesso aos recursos exclusivos.

Cenários de testes:

- Cenário positivo: O usuário preenche corretamente todos os campos obrigatórios e clica em "Criar conta". O sistema exibe uma mensagem de confirmação e redireciona o usuário para a página inicial.

- Cenário negativo: O usuário preenche incorretamente um campo obrigatório e clica em "Criar conta". O sistema exibe uma mensagem de erro informando qual campo está incorreto e impede o usuário de prosseguir.

Regras de negócios:

- Todos os campos obrigatórios devem ser preenchidos corretamente para que o usuário possa criar a conta.

- O sistema deve validar os dados informados pelo usuário para garantir que estão corretos e consistentes.

- As senhas devem seguir um padrão mínimo de segurança para garantir a integridade da conta do usuário.

Ao identificar e definir com clareza os cenários de testes e as regras de negócios, é possível garantir que a User Story será implementada de forma correta e eficiente, aumentando a qualidade do software entregue ao usuário final.

Capítulo 3:

Escrita de Casos de Testes e Cenários de Testes

Como escrever Casos de Testes

Escrever casos de teste é uma das atividades mais importantes dentro do processo de teste de software. Eles são usados para garantir que o software esteja funcionando conforme o esperado e para documentar os resultados de testes específicos. Aqui estão algumas etapas para escrever casos de teste eficazes:

- **Entenda os requisitos do software:** Antes de escrever casos de teste, é importante ter uma compreensão clara dos requisitos do software. Isso ajudará a garantir que seus casos de teste estejam alinhados com os objetivos do projeto.

- **Identifique os cenários de teste:** Com base nos requisitos, identifique os cenários de teste que precisam ser cobertos. Um cenário de teste é uma sequência de etapas que um usuário ou sistema deve seguir para atingir um objetivo específico. Por exemplo, um cenário de teste para um aplicativo de compras online pode ser "Fazer uma compra com cartão de crédito".

- **Escreva os passos dos casos de teste:** Para cada cenário de teste, escreva os passos que devem ser seguidos para alcançar o objetivo. Certifique-se de incluir informações detalhadas, como entradas de dados, ações do usuário e resultados esperados.

- **Adicione informações adicionais:** Além dos passos, é importante incluir informações adicionais, como pré-requisitos, dados de entrada e saída, resultados esperados e cenários alternativos.

- **Revise e verifique os casos de teste:** Depois de escrever os casos de teste, é importante revisá-los para garantir que estejam completos e precisos. Verifique se cada passo é claro e conciso e se todos os resultados esperados foram incluídos.

- **Automatize os casos de teste:** Uma vez que seus casos de teste tenham sido escritos e revisados, considere automatizá-los. A automação de testes pode ajudar a economizar tempo e recursos, além de garantir que os testes sejam executados consistentemente e de forma confiável.

Ao seguir essas etapas, você pode escrever casos de teste eficazes que ajudarão a garantir a qualidade do seu software. Lembre-se de que escrever casos de teste é um processo iterativo e que eles devem ser atualizados regularmente à medida que o software evolui.

Vamos imaginar que estamos trabalhando em um sistema de cadastro de usuários para uma plataforma online de vendas. Abaixo segue um exemplo de como escrever casos de testes para uma das funcionalidades dessa plataforma:

Funcionalidade: Cadastro de Usuários

Caso de Teste 1 - Cadastro de usuário com sucesso
1. Pré-condição: usuário não está cadastrado no sistema
2. Ação: acessar a página de cadastro de usuários
3. Preencher todos os campos obrigatórios corretamente (nome, e-mail, senha)
4. Clicar no botão "Cadastrar"
5. Verificar se o sistema exibe mensagem de sucesso de cadastro
6. Verificar se o usuário cadastrado está disponível na lista de usuários cadastrados

Caso de Teste 2 - Cadastro de usuário com e-mail já cadastrado

1. Pré-condição: usuário já está cadastrado no sistema
2. Ação: acessar a página de cadastro de usuários
3. Preencher os campos obrigatórios corretamente (nome, e-mail, senha)
4. Clicar no botão "Cadastrar"
5. Verificar se o sistema exibe mensagem de erro informando que o e-mail já está cadastrado

Caso de Teste 3 - Cadastro de usuário com campos em branco

1. Pré-condição: usuário não está cadastrado no sistema
2. Ação: acessar a página de cadastro de usuários
3. Deixar um ou mais campos obrigatórios em branco
4. Clicar no botão "Cadastrar"
5. Verificar se o sistema exibe mensagem de erro informando que os campos obrigatórios devem ser preenchidos

Caso de Teste 4 - Cadastro de usuário com senha inválida

1. Pré-condição: usuário não está cadastrado no sistema
2. Ação: acessar a página de cadastro de usuários
3. Preencher todos os campos obrigatórios corretamente (nome, e-mail, senha)
4. Digitar uma senha com menos de 6 caracteres
5. Clicar no botão "Cadastrar"
6. Verificar se o sistema exibe mensagem de erro informando que a senha deve ter pelo menos 6 caracteres.

Caso de Teste 5 - Cadastro de usuário com e-mail inválido

1. Pré-condição: usuário não está cadastrado no sistema
2. Ação: acessar a página de cadastro de usuários
3. Preencher todos os campos obrigatórios corretamente (nome, e-mail, senha)
4. Digitar um endereço de e-mail inválido (sem o "@" por exemplo)
5. Clicar no botão "Cadastrar"
6. Verificar se o sistema exibe mensagem de erro informando que o e-mail é inválido.

Esses são apenas alguns exemplos de casos de teste para uma funcionalidade de cadastro de usuários em uma plataforma de vendas online. É importante lembrar que os casos de teste devem ser elaborados de acordo com as especificidades de cada projeto e que eles devem ser revisados e atualizados constantemente.

Como escrever Cenários de Testes

Escrever cenários de testes é uma tarefa essencial para garantir a qualidade do software e sua conformidade com as especificações. Um cenário de teste é uma descrição detalhada de um caso de uso específico ou uma situação de uso que pode ocorrer durante a utilização do software.

Para escrever cenários de teste, é importante seguir algumas etapas, tais como:

- Identificar o objetivo do teste: o objetivo do teste é definir o que se espera alcançar ao executar o cenário de teste. Isso pode incluir a verificação de uma funcionalidade específica, a validação de um requisito ou a avaliação da performance do software.

- Identificar as condições iniciais: as condições iniciais referem-se ao estado do sistema antes do cenário de teste ser executado. Isso pode incluir dados pré-existentes, configurações do sistema e o ambiente de teste.

- **Descrever as etapas do teste:** as etapas do teste referem-se às ações específicas que o usuário deve executar para alcançar o objetivo do teste. É importante ser claro e detalhado na descrição das etapas, incluindo todos os dados de entrada necessários e a ordem em que devem ser inseridos.

- **Identificar os resultados esperados:** os resultados esperados são os resultados que se espera obter ao executar o cenário de teste. Isso pode incluir a validação de uma saída específica, a execução de uma determinada funcionalidade ou a confirmação da conformidade com um requisito.

- **Validar o cenário de teste:** antes de executar o cenário de teste, é importante validar a sua eficácia e completude. Isso pode incluir a revisão por um especialista em testes ou por outros membros da equipe.

Ao seguir essas etapas, é possível escrever cenários de teste eficazes e abrangentes que ajudem a garantir a qualidade do software.

Cenário de Teste: Compra de produto com cartão de crédito válido

Descrição: Esse cenário tem como objetivo testar se é possível realizar uma compra com um cartão de crédito válido.

Pré-condições: O usuário deve estar logado na conta e ter um cartão de crédito válido cadastrado.

Passos:
1. Acessar a página do produto desejado.
2. Selecionar a opção "Comprar".
3. Preencher os campos de endereço de entrega e seleção do cartão de crédito.
4. Selecionar o cartão de crédito válido cadastrado na conta.
5. Clicar em "Finalizar compra".
6. Verificar se a mensagem "Compra realizada com sucesso" é exibida na tela.

Critérios de Aceitação:
- O usuário deve conseguir selecionar o cartão de crédito válido cadastrado na conta.
- A compra deve ser finalizada sem erros.
- A mensagem "Compra realizada com sucesso" deve ser exibida na tela após a finalização da compra.

Diferença entre casos e cenários de testes

Casos de teste e cenários de teste são dois termos muito importantes em testes de software. Os casos de teste são documentos detalhados que especificam as etapas a serem seguidas pelos testadores para verificar se o software funciona corretamente. Eles são normalmente criados a partir de requisitos e especificações do sistema e incluem informações detalhadas sobre os dados de entrada e saída esperados, bem como sobre o ambiente de teste.

Os cenários de teste, por outro lado, são descrições de alto nível das funcionalidades a serem testadas. Eles são geralmente escritos em linguagem natural e são usados para validar se o sistema é capaz de realizar a tarefa desejada. Os cenários de teste são menos detalhados do que os casos de teste e podem ser usados para criar casos de teste mais específicos.

Em resumo, os casos de teste são mais detalhados e específicos, enquanto os cenários de teste são mais abrangentes e genéricos. Ambos são importantes para garantir a qualidade do software e devem ser usados em conjunto para obter os melhores resultados de teste.

Identificando Testes Passíveis de Automação

A identificação de testes passíveis de automação é um processo importante para aumentar a eficiência e eficácia dos testes em um projeto de software. A automação de testes é útil para automatizar tarefas repetitivas e acelerar a execução de testes, aumentando a cobertura de testes e reduzindo o tempo e o custo de testes manuais.

Para identificar testes passíveis de automação, é importante levar em consideração alguns fatores, como a frequência de execução dos testes, o grau de complexidade do teste e a estabilidade do aplicativo. Alguns testes que podem ser automatizados incluem testes de regressão, testes de integração, testes de desempenho, testes de carga e testes de segurança.

Para identificar esses testes, é necessário analisar os casos de teste e os cenários de teste, identificando aqueles que são repetitivos ou demorados, e que podem ser automatizados com o uso de ferramentas de automação de testes, como Selenium, Appium, Robot Framework, entre outras.

Também é importante lembrar que a automação de testes não é uma solução para todos os tipos de testes, e que os testes manuais ainda são necessários para garantir a qualidade do software em áreas que exigem habilidades humanas, como testes de usabilidade e testes exploratórios.

Em resumo, a identificação de testes passíveis de automação é um processo importante para maximizar a eficiência e eficácia dos testes em um projeto de software, mas deve ser feita com cautela e considerando as limitações da automação de testes.

Um exemplo de identificação de testes passíveis de automação seria para uma aplicação de comércio eletrônico que possui funcionalidades como login, busca de produtos, adição de produtos ao carrinho, finalização de compra, entre outras.

Ao analisar essas funcionalidades, podemos identificar que o teste de login pode ser automatizado, pois é uma funcionalidade que é utilizada com frequência e pode ser testada de forma repetitiva. Já a busca de produtos pode ser automatizada em parte, utilizando ferramentas de automação para preencher os campos de busca e verificar os resultados apresentados, mas ainda pode ser necessário verificar manualmente se os resultados estão corretos.

Por outro lado, a finalização de compra pode exigir mais esforço para automação, pois pode envolver diferentes formas de pagamento, diferentes opções de entrega, cálculo de impostos, entre outros aspectos que podem dificultar a automação completa desse processo.

Assim, ao identificar os testes passíveis de automação, é importante considerar não apenas a frequência de uso da funcionalidade, mas também a complexidade envolvida em testá-la e a possibilidade de automação eficiente.

Capítulo 4:

Criando um Plano de Testes

Como criar um Plano de Testes

Criar um plano de testes é uma etapa importante no processo de garantia de qualidade de software. Esse plano descreve como as atividades de teste serão realizadas, quais são os objetivos do teste, as metodologias a serem empregadas e os recursos necessários para a execução dos testes.

Aqui estão alguns passos para criar um plano de testes eficaz:

- Definir o escopo: O primeiro passo é definir o escopo do plano de testes, ou seja, qual funcionalidade ou módulo do sistema será testado.

- Identificar os objetivos: O próximo passo é identificar os objetivos do teste. Os objetivos devem estar alinhados com as metas do projeto e devem ser claramente definidos e mensuráveis.

- **Selecionar a metodologia de teste:** É importante escolher a metodologia de teste correta para o projeto, como teste de caixa-preta, teste de caixa-branca ou teste de regressão. Isso dependerá do tipo de sistema e das suas necessidades específicas de teste.

- **Definir os critérios de entrada e saída:** O plano de teste deve descrever os critérios de entrada e saída, ou seja, as condições que devem ser atendidas para iniciar e encerrar o teste.

- **Definir o ambiente de teste:** O ambiente de teste é a infraestrutura necessária para executar os testes. É importante identificar os recursos necessários, como hardware, software, sistemas operacionais, bancos de dados, servidores e outros recursos.

- **Descrever a estratégia de teste:** A estratégia de teste descreve as abordagens que serão usadas para alcançar os objetivos do teste. Isso inclui a seleção de casos de teste, técnicas de teste e a ordem em que os testes serão executados.

- <u>Estimar o tempo e o esforço:</u> O plano de teste deve incluir estimativas realistas de tempo e esforço necessários para a execução dos testes.

- <u>Definir os papéis e responsabilidades:</u> O plano de teste deve definir claramente os papéis e responsabilidades de todos os envolvidos no processo de teste.

- <u>Descrever a estratégia de relatório:</u> O plano de teste deve descrever como os resultados dos testes serão relatados e documentados.

Ao seguir esses passos, é possível criar um plano de testes eficaz que ajude a garantir a qualidade do software e a atingir os objetivos do projeto.

Segue um exemplo básico de como criar um plano de testes:

Introdução
- Objetivo do plano de testes
- Escopo do teste (por exemplo, módulos, funcionalidades ou áreas específicas do sistema)

Estratégia de Testes
- Tipo de teste (por exemplo, teste unitário, teste de integração, teste de sistema, teste de aceitação)
- Abordagem de teste (por exemplo, testes manuais, testes automatizados, testes de regressão)
- Cenários de teste (por exemplo, cenários de teste para cada funcionalidade)
- Ambiente de teste (por exemplo, hardware, software e configuração de rede)
- Critérios de entrada e saída (por exemplo, os requisitos de teste, os resultados esperados)
- Cronograma de testes (por exemplo, datas para execução de testes)

Equipe de Teste
- Papéis e responsabilidades (por exemplo, testador, líder de teste, desenvolvedor)
- Recursos necessários (por exemplo, ferramentas de teste, ambiente de teste)

Riscos

- Riscos que podem afetar o teste (por exemplo, bugs conhecidos, recursos insuficientes)
- Possiveis acontecimentos durante o teste (por exemplo, a disponibilidade do ambiente de teste)

Critérios de Aceitação

- Critérios de aceitação para o teste (por exemplo, o número de defeitos aceitáveis por tipo de teste)

Plano de Relatórios

- Como os resultados serão reportados (por exemplo, planilhas de rastreamento de defeitos, relatórios de status)

Este é um exemplo básico de um plano de testes, mas é importante lembrar que o plano deve ser adaptado às necessidades específicas do projeto e da equipe de teste.

Priorizando Testes

Priorizar testes é um processo crucial em qualquer projeto de testes. Ele ajuda a maximizar o uso do tempo e recursos disponíveis, garantindo que os testes mais importantes sejam realizados primeiro.

Para priorizar testes, é importante considerar fatores como a criticidade do sistema ou funcionalidade sendo testada, a probabilidade de ocorrer falhas nessa funcionalidade, a frequência de uso da funcionalidade pelos usuários finais, os requisitos regulatórios que precisam ser atendidos, entre outros fatores relevantes para o projeto em questão.

Uma técnica comum para priorização de testes é a Matriz de Priorização de Riscos, que classifica os testes com base em sua criticidade e probabilidade de ocorrência. A matriz consiste em uma tabela que cruza a probabilidade de ocorrência de uma falha com a sua criticidade, gerando uma classificação em níveis de prioridade (alta, média ou baixa) para cada teste.

Outra abordagem possível é a utilização da técnica de Árvore de Decisão, que consiste em criar uma estrutura hierárquica para os testes, levando em consideração os diferentes fatores de priorização.

Independentemente da abordagem utilizada, é importante que a priorização seja realizada em colaboração com a equipe de desenvolvimento e com o time de negócios, para que se possa ter uma visão ampla e clara do projeto e dos requisitos relevantes para os diferentes stakeholders.

Vamos supor que temos um sistema de e-commerce e precisamos priorizar os testes a serem realizados em uma nova funcionalidade de pagamento. Abaixo, segue um exemplo de como priorizar esses testes:

- **Teste de compra bem-sucedida:** é o teste mais importante, pois garante que o cliente consiga finalizar a compra com sucesso.

- **Teste de falha de pagamento:** deve ser testado em casos de cartões inválidos, limites de crédito ultrapassados ou qualquer outra situação em que o pagamento não seja aprovado.

- **Teste de integração com o gateway de pagamento:** é importante garantir que a comunicação entre o sistema e o gateway de pagamento esteja funcionando corretamente

- **Teste de segurança:** deve ser priorizado para garantir que as informações de pagamento dos clientes estejam seguras e protegidas.

- **Teste de reembolso:** é importante verificar se a funcionalidade de reembolso está funcionando corretamente em caso de devolução ou cancelamento da compra.

Dessa forma, a equipe de testes pode priorizar os testes em ordem de importância e garantir que os mais críticos sejam testados primeiro, minimizando riscos para o negócio.

Definindo Critérios de Aceitação

Definir critérios de aceitação é um processo fundamental durante o planejamento de testes. Eles são usados para definir e medir se um software ou sistema atende aos requisitos especificados.

Os critérios de aceitação devem ser claros, objetivos e mensuráveis. Eles são geralmente definidos em termos de comportamento ou funcionalidade esperados do sistema, ou ainda em termos de resultados específicos que o sistema deve produzir.

Para definir critérios de aceitação, é necessário ter uma compreensão clara dos requisitos do sistema e do contexto em que ele será utilizado. É importante envolver todas as partes interessadas, incluindo desenvolvedores, testadores e usuários finais, para garantir que todos estejam de acordo com os critérios.

Uma técnica comum para definir critérios de aceitação é o uso de casos de uso, que descrevem a interação do usuário com o sistema em um determinado cenário. Para cada caso de uso, é possível definir os critérios de aceitação necessários para que o sistema seja considerado funcional e satisfatório.

Ao definir os critérios de aceitação, é importante considerar fatores como segurança, desempenho, confiabilidade e facilidade de uso. Os critérios também devem ser atualizados e revisados continuamente ao longo do ciclo de vida do software ou sistema, à medida que novos requisitos são adicionados ou alterados.

Vamos supor que estamos desenvolvendo um software de e-commerce para uma loja virtual. Abaixo, segue alguns exemplos de critérios de aceitação para algumas funcionalidades do sistema:

Funcionalidade: Cadastro de usuário
- O sistema deve permitir o cadastro de um novo usuário com nome, e-mail, senha e confirmação de senha.
- O e-mail fornecido deve ser único e válido.
- O usuário deve ser redirecionado para a página de confirmação de cadastro após o preenchimento correto dos dados.

Funcionalidade: Pesquisa de produtos

- O sistema deve permitir que o usuário pesquise por produtos por meio de palavras-chave.
- A pesquisa deve exibir resultados relevantes para a palavra-chave pesquisada.
- O sistema deve exibir a quantidade de resultados encontrados e permitir a ordenação dos resultados por preço, popularidade ou avaliação.

Funcionalidade: Adição de produto ao carrinho de compras

- O sistema deve permitir que o usuário adicione um produto ao carrinho de compras.
- O carrinho de compras deve exibir o nome, preço e quantidade de cada produto adicionado.
- O sistema deve calcular o valor total da compra considerando a quantidade e o preço de cada produto adicionado.

Esses são apenas alguns exemplos de critérios de aceitação que podem ser definidos para garantir a qualidade do sistema. É importante lembrar que os critérios de aceitação devem ser específicos, mensuráveis e relevantes para o usuário final. Além disso, eles devem ser discutidos e acordados entre os membros da equipe de desenvolvimento e do cliente ou usuário final.

Capítulo 5:

Reportando Defeitos e Falhas

Como reportar Defeitos e Falhas

Reportar defeitos e falhas é uma etapa crítica do processo de teste de software, pois permite que os desenvolvedores identifiquem e corrijam problemas antes que o software seja lançado. Aqui estão algumas diretrizes para reportar defeitos e falhas de forma clara e eficaz:

- **Descreva o problema de forma clara e objetiva:** Use uma linguagem clara e simples para descrever o problema que você encontrou. Seja específico em relação ao que você estava fazendo, onde estava e qual resultado esperava.

<u>Exemplo</u>: "Ao tentar enviar uma mensagem de texto pelo aplicativo de mensagens, recebi uma mensagem de erro que dizia 'Não foi possível enviar a mensagem'. Esperava que a mensagem fosse enviada com sucesso".

- Forneça informações detalhadas sobre o ambiente de teste: Inclua informações relevantes sobre o ambiente de teste, como o sistema operacional, o navegador ou o dispositivo móvel que você está usando.

Exemplo: "Estou usando um iPhone 12 com iOS 15.1 e o aplicativo de mensagens versão 2.0".

- Descreva os passos para reproduzir o problema: Descreva os passos exatos que você seguiu para chegar ao problema. Isso permitirá que os desenvolvedores reproduzam o problema e o corrijam com mais facilidade.

Exemplo: "Abri o aplicativo de mensagens, selecionei um contato, digitei uma mensagem de texto e cliquei em enviar.Recebi a mensagem de erro imediatamente após clicar em enviar".

- Anexe capturas de tela ou arquivos de log: Se possível, inclua capturas de tela ou arquivos de log que possam ajudar a esclarecer o problema.

Exemplo: "Anexei uma captura de tela da mensagem de erro que recebi".

Ao seguir essas diretrizes, você pode reportar defeitos e falhas de forma clara e eficaz, ajudando os desenvolvedores a corrigir o problema mais rapidamente.

Um modelo de como reportar defeitos e falhas pode ser o seguinte:

- Título do defeito/falha: Um título claro e objetivo que resuma o problema encontrado.

Exemplo: Erro ao tentar realizar login no sistema.

- Descrição detalhada: Uma descrição detalhada do defeito/falha encontrada, incluindo informações relevantes, como onde e quando o problema ocorreu, qual ação foi realizada e qual o comportamento inesperado observado.

Exemplo: Ao tentar realizar o login no sistema utilizando as credenciais de usuário e senha corretas, é exibida uma mensagem de erro "Usuário ou senha inválido" e não é possível acessar a conta. O problema ocorre em qualquer dispositivo e navegador utilizado, desde que as credenciais estejam corretas.

- Passos para reprodução: Uma lista clara e concisa de passos que devem ser seguidos para reproduzir o defeito/falha.

Exemplo:
- Acessar a página de login do sistema;
- Inserir as credenciais de usuário e senha corretas;
- Clicar em "Entrar".

- Resultado esperado: Uma descrição clara do comportamento esperado do sistema quando os passos acima são seguidos corretamente.

Exemplo: O sistema deve permitir o acesso à conta do usuário após o login, sem exibir mensagens de erro.

- Resultado atual: Uma descrição do comportamento inesperado observado quando os passos acima foram seguidos.

Exemplo: O sistema exibe uma mensagem de erro "Usuário ou senha inválido" e não permite o acesso à conta do usuário.

- Nível de gravidade: Uma indicação do impacto do defeito/falha no sistema ou no usuário.

Exemplo: Médio - O defeito impede o usuário de acessar a conta, mas é possível utilizar outras funcionalidades do sistema.

- **Prioridade:** Uma indicação da importância de corrigir o defeito/falha em relação a outros itens da lista de tarefas.

Alta - O defeito impede o usuário de acessar a conta, tornando a funcionalidade inutilizável.

- **Anexos:** Qualquer informação adicional que possa ser útil para ajudar na reprodução ou resolução do defeito/falha, como capturas de tela, logs de erro, etc.

É importante lembrar que a qualidade e a clareza da descrição do defeito/falha são essenciais para garantir que o time de desenvolvimento possa reproduzir o problema e corrigi-lo de maneira eficiente.

Como priorizar Defeitos e Falhas

A priorização de defeitos e falhas é uma etapa crucial no processo de teste de software, pois permite que os problemas mais críticos sejam resolvidos primeiro, garantindo a qualidade e a estabilidade do software. Existem diversas técnicas e metodologias que podem ser utilizadas para priorizar os defeitos e falhas encontrados durante os testes, como:

- Matriz de Priorização: essa técnica consiste em avaliar cada defeito e falha com base em dois critérios: a gravidade e a frequência de ocorrência. A gravidade é o impacto que o problema tem no sistema, enquanto a frequência é a quantidade de vezes que o problema foi encontrado. Com essas informações, é possível criar uma matriz que classifica os defeitos em diferentes níveis de prioridade, permitindo que os mais críticos sejam tratados primeiro.

- <u>Análise de Risco:</u> essa técnica consiste em avaliar os defeitos e falhas com base no risco que eles representam para o sistema. Para isso, é necessário levar em consideração o impacto do problema no usuário final, a probabilidade de ocorrência e a dificuldade de correção. Com essas informações, é possível identificar os defeitos mais críticos e priorizá-los.

- <u>Impacto no Negócio:</u> essa técnica consiste em avaliar os defeitos e falhas com base no impacto que eles têm no negócio. Para isso, é necessário levar em consideração o impacto financeiro, a reputação da empresa, a satisfação do cliente, entre outros fatores. Com essas informações, é possível priorizar os defeitos que têm maior impacto no negócio.

Exemplo prático:

Suponha que uma empresa está desenvolvendo um sistema de gerenciamento de estoque e durante os testes foram encontrados três defeitos:

1. O sistema apresenta um erro ao tentar cadastrar um novo produto.
2. O sistema apresenta um erro ao tentar atualizar a quantidade de um produto.
3. O sistema apresenta um erro ao tentar excluir um produto.

Para priorizar esses defeitos, a equipe de testes pode utilizar a Matriz de Priorização. Nesse caso, a equipe avaliou a gravidade e a frequência de ocorrência de cada defeito e classificou-os da seguinte forma:

1. Defeito 1: gravidade alta e frequência média - prioridade alta
2. Defeito 2: gravidade média e frequência alta - prioridade média
3. Defeito 3: gravidade baixa e frequência baixa - prioridade baixa

Com essa classificação, a equipe pode priorizar os defeitos de acordo com sua importância e garantir que os mais críticos sejam corrigidos primeiro.

Capítulo 6:

A Importância da Qualidade para o Desenvolvimento de um Software

Por que a Qualidade é importante

A qualidade é um aspecto importante em qualquer produto ou serviço, independentemente do setor em que atua. A busca pela excelência na qualidade é essencial para garantir a satisfação do cliente e manter a competitividade no mercado. Alguns exemplos práticos de como a qualidade é importante incluem:

- Satisfação do cliente: A qualidade é um fator crucial para garantir a satisfação do cliente. Quando um produto ou serviço não atende às expectativas do cliente, a reputação da empresa é prejudicada e isso pode afetar negativamente a aquisição de novos clientes e a retenção dos atuais.

- Redução de custos: A falta de qualidade pode levar a falhas e erros, que acabam gerando retrabalho, perda de tempo e aumento de custos. Por outro lado, investir em qualidade desde o início pode evitar esses problemas, reduzindo custos e aumentando a eficiência do processo.

- <u>Melhoria contínua:</u> A busca pela qualidade é um processo contínuo, que envolve a análise constante dos processos e a identificação de oportunidades de melhoria. Ao priorizar a qualidade, a empresa está sempre buscando aprimorar seus produtos e serviços, o que pode levar a um aumento na eficiência e na satisfação do cliente.

- <u>Diferencial competitivo:</u> A qualidade pode ser um fator decisivo na escolha do cliente por um produto ou serviço. Quando uma empresa oferece qualidade superior à concorrência, ela pode se destacar no mercado e conquistar a preferência do cliente.

- <u>Cumprimento de normas e regulamentações</u>: Em muitos setores, a qualidade é regulamentada por normas e leis. Cumprir essas exigências é essencial para garantir a segurança dos produtos e serviços oferecidos pela empresa, bem como para evitar penalidades e sanções legais.

Como convencer o time da importância da Qualidade

Convencer a equipe da importância da qualidade pode ser um desafio, especialmente em ambientes em que o foco principal é a entrega rápida de funcionalidades. No entanto, a qualidade é crucial para o sucesso de um projeto de software, pois pode afetar a satisfação do cliente, a reputação da empresa e até mesmo os lucros.

Aqui estão algumas dicas sobre como convencer o time da importância da qualidade:

- **Mostre exemplos de projetos que falharam devido à falta de qualidade:** Demonstre como projetos mal executados podem prejudicar a empresa e afetar sua reputação. Apresente casos de projetos que falharam devido a erros de qualidade, falhas de segurança, etc.

- **Explique os benefícios da qualidade:** Mostre como a qualidade pode beneficiar a equipe e a empresa, incluindo aumento da satisfação do cliente, melhoria da reputação, maior eficiência, redução de custos e aumento da receita.

- <u>Forneça treinamento e recursos:</u> Forneça treinamento e recursos para ajudar a equipe a entender a importância da qualidade e como trabalhar para alcançá-la. Isso pode incluir workshops, cursos, livros e artigos.

- <u>Envolva a equipe no processo de garantia de qualidade:</u> Envolva a equipe no processo de garantia de qualidade, permitindo que eles participem da revisão de código, teste de software e outras atividades relacionadas à qualidade. Isso pode ajudá-los a entender a importância da qualidade e se sentir mais comprometidos com o processo.

- <u>Celebre as conquistas relacionadas à qualidade:</u> Reconheça a equipe pelas conquistas relacionadas à qualidade, incluindo a entrega de software de alta qualidade, a detecção e correção de defeitos e falhas e a melhoria contínua dos processos.

Ao usar essas estratégias, você pode ajudar a equipe a entender a importância da qualidade e a trabalhar em conjunto para alcançá-la.

Como envolver o time no processo de Qualidade

Envolver o time no processo de qualidade é essencial para garantir que todos estejam comprometidos em alcançar o objetivo de entregar um produto de alta qualidade. Aqui estão algumas dicas sobre como envolver o time no processo de qualidade:

- Defina as expectativas desde o início: Certifique-se de que todos os membros do time entendam a importância da qualidade e quais são as suas expectativas em relação à qualidade do produto. Além disso, explique como eles podem contribuir para alcançar essas expectativas.

- Promova treinamentos: Ofereça treinamentos e cursos para que o time possa aprimorar suas habilidades e conhecimentos em relação à qualidade de software. Isso também demonstra que você valoriza o desenvolvimento profissional dos membros da equipe.

- <u>Incentive a colaboração</u>: Encoraje a colaboração entre os membros da equipe para identificar e solucionar problemas de qualidade. Isso também pode ajudar a promover um ambiente de trabalho mais colaborativo e positivo.

- <u>Utilize ferramentas de gestão da qualidade</u>: Use ferramentas de gestão da qualidade, como sistemas de rastreamento de defeitos e relatórios de testes, para que o time possa acompanhar o progresso e melhorar continuamente o processo de qualidade.

- <u>Reconheça o sucesso:</u> Reconheça e recompense o time pelo sucesso alcançado na melhoria da qualidade do produto. Isso pode ser feito por meio de bônus, reconhecimentos públicos ou outras formas de recompensa.

Lembre-se de que envolver o time no processo de qualidade é uma atividade contínua e deve ser tratada como tal. Quando o time está engajado e comprometido com a qualidade, o resultado final é um produto de software de alta qualidade que atende às necessidades do cliente.

Olá! Gostaria de agradecer pela leitura do nosso ebook de testes de software. Espero que ele tenha sido útil para você e contribuído para o seu desenvolvimento profissional na área de qualidade de software. Agradecemos pela confiança em nosso conteúdo e ficamos à disposição para qualquer dúvida ou sugestão que possa ter. Até a próxima!

Apresentamos o ebook "Manual do QAINICIANTE: Um Guia para implementar a qualidade de software", de Rogério Jordão. Se você é iniciante na área de qualidade de software e quer aprender mais sobre como escrever cenários de testes, casos de testes, levantar requisitos e identificar cenários e regras de negócios dentro de uma user story, este ebook é para você.

Com uma linguagem clara e direta, este manual é uma excelente ferramenta para ajudá-lo a criar um plano de testes eficaz, priorizar testes e identificar testes passíveis de automação. Além disso, você aprenderá como reportar defeitos e falhas ao time e como mostrar a importância da qualidade para o desenvolvimento de um software.

Com este ebook, você terá acesso a uma introdução completa ao mundo da qualidade de software, que irá ajudá-lo a entender conceitos fundamentais e aplicá-los de forma prática. Não perca a oportunidade de aprimorar seus conhecimentos e melhorar a qualidade dos seus projetos de software.

Rogério Jordão é um profissional em qualidade de software com mais de 3 anos de experiência. Atualmente trabalha como QA e é autor do ebook "QA Iniciante: dicas, conceitos, modelos e opiniões sobre qualidade de software", que tem como objetivo ajudar iniciantes na área de qualidade de software a entenderem os conceitos fundamentais e aplicá-los de forma prática com uma linguagem clara e direta.

Além disso, é fundador do instagram "QAINICIANTE", onde compartilha seus conhecimentos e experiências com outros profissionais da área.